Otger Eismann

Der gute Hirte

Otger Eismann

Der gute Hirte

Fromm Verlag

Imprint
Any brand names and product names mentioned in this book are subject to trademark, brand or patent protection and are trademarks or registered trademarks of their respective holders. The use of brand names, product names, common names, trade names, product descriptions etc. even without a particular marking in this work is in no way to be construed to mean that such names may be regarded as unrestricted in respect of trademark and brand protection legislation and could thus be used by anyone.

Cover image: www.ingimage.com

Publisher:
Fromm Verlag
is a trademark of
International Book Market Service Ltd., member of OmniScriptum Publishing Group
17 Meldrum Street, Beau Bassin 71504, Mauritius

Printed at: see last page
ISBN: 978-620-2-44120-9

Inhaltsverzeichnis

Diakon Otger Eismann,

Friesoythe

Predigt am 4. Sonntag in der Osterzeit, Lesejahr B, (Joh. 10,11-18), gehalten in Kampe und Neuscharrel am 22. April 2018)

Der gute Hirte

Liebe Schwestern und Brüder im Glauben. Vielleicht erinnern Sie sich noch – vor allem die Älteren unter uns – an die schönen alten Bilder, die in den Schlaf- und Wohnzimmern unserer Eltern und Großeltern hingen? Die Herz-Jesu- und Herz-Marienbilder, die stimmungsvollen Bilder der Heiligen Familie. Einige solcher Bilder zeigten uns Jesus als guten Hirten, umgeben von friedlichen Schafen und niedlichen Engeln vor einem blutroten Abendhimmel; eine richtige Schäferidylle. Diese Bilder symbolisierten noch die Volksfrömmigkeit vergangener Generationen.

Manche mögen solche Bilder als Kitsch empfinden, und doch bedeuteten diese unseren Vorfahren mehr als nur eine Idylle. Verbirgt sich hinter diesen Bildern nicht eine Ursehnsucht der Menschen nach Geborgenheit?
Einer Geborgenheit, wie sie nur von Jesus als dem guten Hirten ausgehen kann?

Vor diesem Hintergrund – liebe Schwestern und Brüder – hören wir, wie Jesus im heutigen Evangelium sagt: „Ich bin der <u>gute</u> Hirt“, wobei die Betonung auf dem Wort <u>gut</u> liegt. Damit will er keiner Schäferidylle längst vergangener Tage das Wort reden, sondern wir sollen uns freuen, dass wir einen solchen Hirten haben, einen Hirten, der für uns einsteht, der uns <u>die</u> Geborgenheit schenkt, von der ich am Anfang sprach.

Das Wort vom „guten Hirten“ ist aber auch ein Vorbild dafür, wie wir selbst miteinander und mit anderen umgehen sollten, so dass auch wir „gute Hirten“ sein können.

Wie es <u>nicht</u> sein soll, das macht uns Jesus am Beispiel des bezahlten Hirten deutlich, von dem wir im heutigen Evangelium auch hören: Für sie ist diese Arbeit nur ein „Job“, kein Dienst, sie verrichten ihren Hirtendienst, ohne die ihnen anvertrauten Schafe gern zu haben. Und wenn den Schafen Gefahr droht, dann bringen sie zuerst sich selbst in Sicherheit und überlassen die Schafe den Wölfen. Mit anderen Worten: Sie wollen wohl an der Wolle und am Fleisch verdienen, die Schafe und deren Wohlergehen aber sind ihnen schließlich egal.

Jesus stellt sich dagegen als ein guter Hirten dar: Er bringt nicht nur zuerst seine Schafe in Sicherheit, sondern er steht mit seinem Leben für die ihm anvertrauten Schafe ein.

Für eine solche Schäferhaltung gibt es viele menschliche Beispiele. Eines davon ist das Beispiel des polnischen Arztes Janusz Korczak. In seiner Person ist etwas aufgeleuchtet von einem wahren guten Hirten. Als die ihm anvertrauten jüdischen Waisenkinder in den Gaskammern des KZ Treblinka ermordet wurden, war es für ihn eine Selbstverständlichkeit, zusammen mit seinen Kindern auch den letzten Weg in die Gaskammern des Vernichtungslagers zu gehen. Dieser polnische, nichtjüdische Arzt war wirklich ein „Guter Hirte", der nicht davon rannte, als die Wölfe der Gestapo zuschlugen.

Liebe Schwestern und Brüder, es scheint nun mal das unveränderliche Gesetz in der Welt zu herrschen, dass die Wölfe die Schafe fressen, mit anderen Worten: Dass die Starken auf Kosten der Schwachen leben, und die Mächtigen die Machtlosen ausbeuten und beherrschen.

Jesus aber stellt dieses Gesetz auf den Kopf. Er spricht davon, dass er aus freien Stücken alles hergibt, sogar sein Leben, und dass ihm die anvertrauten Menschen nicht gleichgültig sind. Er ist sozusagen der Blutspender, der mit seiner Blutspende uns Schwerkranke am Leben hält und uns vor dem Tod rettet; wobei er selber stirbt. Er ist wie der polnische Priester Maximilian Kolbe, der im KZ Auschwitz einem Familienvater das Leben rettet, und an dessen Stelle freiwillig in den Hungerbunker geht. So schenkt uns auch Jesus, als der gute Hirte, die Liebe und Geborgenheit, die für unser menschliches Leben notwendig ist.

Liebe Schwestern und Brüder, fast einem jeden von uns sind in irgendeiner Weise Menschen anvertraut, sei es als Eltern, als Vorgesetzte, als Lehrer oder Erzieher und Erzieherinnen, als Priester, Diakone oder als Pastoralreferenten, als Ärzte und Krankenschwestern, um hier nur einige Beispiele zu nennen.

Wenn wir also in Jesus Christus den guten Hirten an uns selbst erfahren,
dann können uns die Menschen, die uns anvertraut sind, auch nicht gleichgültig sein. Wenn Jesu Geist und Liebe in uns wohnen, dann sind wir alle dazu berufen, auch gute Hirten oder Hirtinnen zu sein für die uns anvertrauten Menschen.

Liebe Schwestern und Brüder, mit diesem Bild vom guten Hirten zeigt Jesus uns eine Alternative zu der Ellenbogen- und Egoismus-Gesellschaft heutiger Tage, die immer mehr Menschen auf der Strecke bleiben lässt. Die Botschaft vom guten Hirten kann und soll die Welt verändern bis hinein in die Politik. Das geschieht weniger durch Worte, Parolen, Aufrufe oder Demonstrationen, sondern es geschieht vor allem durch Menschen. Menschen, die bereit sind, freiwillig in den Dienst des Guten Hirten zu treten.

Amen.

Fürbitten am 4. Ostersonntag B

In der Freude über die Auferstehung des Herrn lasst uns beten zu Jesus Christus, der uns heute als der Gute Hirte begegnet.

- Die Jünger haben Dich erkannt, als du das Brot mit ihnen teiltest, Teile deine Liebe mit allen, die in diesen österlichen Tagen an deinen Tisch treten.

- Viele konnten in diesen österlichen Wochen das Krankenlager nicht verlassen. Sei ihnen besonders nahe und schenke ihnen Zuversicht und Hoffnung auf Heilung.

- Viele Menschen sind in den Kriegsgebieten der Erde, in Syrien, dem Irak, in der Ukraine und in den afrikanischen Ländern unverschuldet in großes Leid geraten. Schenke ihnen Vertrauen und viele Menschen, die sich ihrer annehmen.

- Wir begehen heute den Welttag der geistlichen Berufe. Wir bitten dich, lass viele junge Menschen aufhorchen, wenn sie der Ruf Gottes erreicht, dass sie sich bereitfinden, ihr Leben als Priester, Diakon, Ordenschrist oder als Pastorareferet in den Dienst des Guten Hirten zu stellen.

- In unserer Kirchengemeinde bereiten sich viele Kinder und Jugendliche auf die Erstkommunion und die Firmung vor. Öffne ihnen die Tür zum Glauben an dich und begleite sie auf ihrem Weg zum Ziel. Begleite sie als guter Hirte auch durch die Zeit ihres Lebens.

- Durch deine Auferstehung von den Toten hast du uns gezeigt, zu welchem Ziel unser Weg führt. Lass unsere Verstorbenen auf dem Weg des Kreuzes und der Auferstehung zum ewigen Heil gelangen.

Gott des Lebens, seit Ostern wissen wir, dass du als der gute Hirte das Leben und den Frieden für alle Menschen willst, Lass diese Zuversicht die Welt durchdringen, damit alle an dich glauben, durch Christus, unseren Herrn.
Amen.

Standfestigkeit im Glauben

Otger Eismann
26169 Friesoythe

Predigt am 3. Adventssonntag in Friesoythe St.-Marien, Lesej. B / 2014
Textgrundlage: Jes. 61, 1-2a; 10- 11, / Joh. 1, 6-8; 19-28

Standfestigkeit im Glauben

Liebe Schwestern und Brüder im Glauben, viele der Älteren unter uns erinnern sich sicher noch daran, als 1955 – 10 Jahre nach dem Krieg – der damalige erste Bundeskanzler Konrad Adenauer nach zähen Verhandlungen in Moskau die letzten 10.000 deutschen Kriegsgefangenen frei bekam, die dann heimkehren konnten. Sie können sich vorstellen, welche Freude bei diesen Gefangenen herrschte als ihnen verkündet wurde: „Ihr seid frei – Ihr könnt nach Hause!“ – Und das nach 10 Jahren!

Liebe Schwestern und Brüder, ähnlich so erging es dem Volk Israel im Alten Testament. Jerusalem war von den Babyloniern besiegt worden, die Stadt lag in Trümmern, auch der Tempel. Die meisten Bewohner wurden in die Babylonische Gefangenschaft geführt, in der sie 50 Jahre ausharren sollten. Und das Schicksal dieser Gefangenen? 50 Jahre Zwangsarbeit in einem fremden

Land, fast ein Menschenleben lang. Viele hatten die Hoffnung schon aufgegeben, jemals die Heimat wiederzusehen.

In dieser trostlosen Zeit erscheint der Prophet Jesaja und verkündet den Gefangenen:
„Tröstet euch! Euer Gott hat ein Einsehen mit euch, die Zeit der Gefangenschaft geht zu Ende, der Geist Gottes hat mich gesandt, euch, den Gefangenen die Entlassung zu verkünden, eure Schuld ist euch vergeben, ihr werdet bald heimkehren in euer Land, in eure Heimat!"

Liebe Schwestern und Brüder, was war geschehen, dass das Volk Israel in diese schlimme Lage hineingeraten war? Wie kam es, dass das Volk 50 Jahre in der Babylonischen Gefangenschaft ausharren musste? Israel war vom wahren Glauben an Gott abgefallen und diente fremden Göttern. Nun war Israel von den Babyloniern besiegt und in Gefangenschaft geführt worden, diese Gefangenschaft sollte 50 Jahre dauern. Israel kam während der Zeit der Gefangenschaft zu der Einsicht: Ja, wir selbst haben uns dieses Schicksal zuzuschreiben, wir haben die Wege Gottes verlassen und haben seinen Bund gebrochen, darum hat Gott uns diese Strafe auferlegt.

Langsam beginnt das Volk zu begreifen: Es gibt keinen anderen Gott als nur Jahwe,
nur er allein kann uns aus dieser Gefangenschaft befreien.

Später, viel später kam Johannes, er kam zu der Zeitenwende zwischen dem Alten und Neuen Testament, er greift die Worte des Propheten wieder auf. Johannes ruft zur Umkehr, er sagte: „Stellt Gott wieder in den Mittelpunkt Eures Lebens und Wirkens!“ Und er fügt hinzu: „Ihr habt nicht mehr viel Zeit!“ Es sind nur wenige Sätze, die uns von Johannes überliefert werden, aber die haben es in sich. Ich kann mir gut vorstellen, dass Johannes den Menschen damals gründlich die Meinung gesagt hat mit dem Ziel der Reue und Umkehr. Gott sollten die Menschen wieder in die Mitte ihres Lebens und Handelns stellen. Und das Ergebnis: Seine Zuhörer gehen anders wieder fort, als wie sie gekommen sind, sie sind nachdenklicher geworden und bereit, ihr Leben zu ändern; einen neuen Anfang zu wagen.

Liebe Schwestern und Brüder, machen wir nun wieder einen Sprung zurück in die jüngste Vergangenheit. Gab es vor mehr als 70 Jahren in Deutschland nicht auch eine ähnliche Situation wie damals in Israel? Hatte die große Mehrheit des deutschen Volkes nicht eine Regierung frei gewählt, die das Land in den Abgrund führen sollte? Eine Regierung, die glaubte – wie damals in Israel

– ohne Gott und Gottes Gebote auskommen zu können? Eine Regierung, die kranke, alte, geistig behinderte und wehrlose Menschen einkerkerte und mit staatlicher Genehmigung ermorden ließ? War es nicht die große Mehrheit unseres Volkes, die einen grausamen Diktator, einen Götzen an ihrer Spitze duldete, ja sogar verherrlichte? Und das schreckliche Ende ist uns allen bekannt.

Während dieser Jahre trat in unserem Land und Bistum Münster – ähnlich wie Johannes – auch ein einsamer Rufer auf, ein Mann, der den Mut hatte, diese menschenverachtende Politik öffentlich anzuprangern, was in jenen Jahren sehr gefährlich war. Dieser Mann war Clemens August, Kardinal von Galen, Bischof von Münster, ein Sohn des Oldenburger Landes. Papst Johannes Paul II. hat ihn im Jahre 2005 seliggesprochen. Seine drei berühmten Predigten, mit denen er dieses menschenverachtende Regime geißelte, gingen damals um die ganze Welt.

Der Bischof sagte unter anderem: „Ich müßte mich schämen vor Gott und vor euch,
wenn ich Gemeinschaft hätte mit jenen, die schuld- und schutzlose Frauen aus Haus und Heimat vertreiben.“ Und dann nennt er die unrechtmäßig geschlagenen Menschen beim Namen wenn er sagt: „Es sind die unschuldig Eingekerkerten, die schuldlos Ausgewiesenen, die Ordensbrüder und -schwestern, die geistig Behinderten und die unheilbar Kranken.“ Aber dann macht

der Bischof – ähnlich wie Jesaja und Johannes – den Menschen Mut. Er verspricht ihnen zwar nicht den Himmel auf Erden, aber er bittet sie, standhaft zu bleiben, auszuhalten, so wie ein „Amboss die Schläge des Hammers" auch aushalten muss.

Kardinal von Galen war einer wie Johannes, seine Stimme war in jenen Jahren die Stimme eines einsamen Rufers in der Wüste, als die meisten seiner bischöflichen Mitbrüder schwiegen. Und er redete – wie Johannes – den Menschen und der Obrigkeit ins Gewissen, auch er predigte Umkehr und Buße. Aber er versprach den Menschen – wie Jesaja – Hoffnung auf Erlösung. „Haltet aus, wie der Amboss die Schläge des Hammers aushält", sagte er, „dann wird dieses Regime ein Ende haben!" Und so ist es ja auch gekommen.

Oder ich denke an die kleine, unscheinbare Ordensschwester Maria Euthymia (1914-1955) aus Münster, die Papst Johannes-Paul II. 2009 selig gesprochen hat. Während des Krieges wurden ihr als Krankenschwester in der Seuchenbaracke des St.- Vinzenz-Hospitals in Dinslaken die kranken russischen Kriegsgefangenen anvertraut, die nach den Rassegesetzen der Nazis als Menschen 2. Klasse galten. Wenn Fliegeralarm gegeben wurde, trug sie mutig diese armen Menschen eigenhändig in den Luftschutzbunker, obwohl dies von den Nazis verboten worden war. Die

Gefangenen nannten sie „Engel der Liebe“, weil sie in ihrer Person die Liebe Christi verkörperte.

Liebe Schwestern und Brüder, verlassen wir diese unselige Zeit und kehren wir zurück in unsere augenblickliche Gegenwart. Was erleben wir heute? Wir stellen fest, dass in weiten Teilen unseres Volkes und in ganz Europa ein ähnlicher Abfall vom Glauben stattfindet, wie zur Zeit des Kardinals und wie damals zur Zeit der babylonischen Gefangenschaft. Auch heute beten die Menschen Götzen an. Heute heißen die Götzen: Geld, Macht, Sex, Korruption, Ausbeutung und Krieg. Allerdings schlagen heute nicht die Hämmer eines brutalen Diktators auf uns ein, nein, es ist viel schlimmer, heute ist es das schleichende Gift des Wohlstandes und der Gleichgültigkeit, das den christlichen Glauben gefährdet. Man hat ja alles, man braucht Gott nicht mehr. Es sind die falschen Götter des Wohlstandes und des Zeitgeistes, die unsere Kirchen leer werden lassen und die Praxen der Psychologen füllen.

Gegen brutale Gewalt kann man sich wehren wie ein Amboss, der sich nicht unterkriegen lässt, das schleichende Gift der Gleichgültigkeit und des Zeitgeistes kommt jedoch gewaltlos und geräuschlos daher, und viele fallen darauf herein.

Und doch gibt es da auch heute noch einen einsamen Rufer in der Wüste einer gottfernen Gesellschaft, einer der uns auch heute noch zur Umkehr mahnt, es ist die Stimme unseres Papstes Franziskus.

Liebe Schwestern und Brüder, ich frage mich: Was würde unser seliger Kardinal von Galen heute dazu sagen? Ich bin gewiss, er würde einen jeden Einzelnen von uns fragen: „Wie hältst Du es mit dem Glauben?“ Daher – liebe Schwestern und Brüder – lasst uns heute – am Sonntag Gaudete – unsere Häupter erheben und die Hoffnung nicht aufgeben, denn unsere Erlösung ist nahe. Bleiben wir Amboss und nicht Hammer, bleiben wir standhaft, auch wenn der Glaube um uns herum schwindet, bleiben wir treu, wenn andere untreu werden.

Amen.

(Fürbitten, 3. Advent B:

Herr Jesus Christus, der Bußruf des Johannes erreicht auch nach Jahrtausenden unser Herz. Wir bitten dich:

- Gib, dass dieser Bußruf auch uns wachrüttelt, damit aus verschlafenen Christenmenschen fröhliche, überzeugte und überzeugende Mitglieder unserer St.-Marien-Gemeinde werden.

- Gib, dass der Ruf des Johannes uns wachrüttelt, damit wir aufstehen zu einem Leben in treuem Glauben, unbeirrbarer Hoffnung und brennender Liebe.

- Gib, dass dieser Ruf des Johannes und wachrüttelt, damit unser Herz offen und empfänglich wird für dein Reich, befreie uns von Blindheit, lass uns allem Hass, allem Leid die Kraft deiner Liebe entgegensetzen

- Gib, dass uns der Ruf des Johannes wachrüttelt, damit wir uns in diesen Tagen des Advent aufmachen zu einem Leben in Menschenfreundlichkeit und Gottverbundenheit.

- Gib, dass den Schwerkranken und Sterbenden geholfen wird, und dass unsere verstorbenen Gemeindemitglieder nicht so schnell vergessen werden.

Herr Jesus Christus, wir danken dir, dass du uns die Chance des Neuanfangs gibst, um unser Leben glücken zu lassen. Amen.

Otger Eismann, Diakon,
Friesoythe

Predigt am 1. Mai 2018 in St.-Marien, Friesoythe: „Josef, der Arbeiter“.

Josef, der Arbeiter.

Liebe Schwestern und Brüder im Glauben, der 1. Mai ist schon seit jeher ein vielseitiger Feiertag. Am 1. Mai „schlagen die Bäume aus“, wie wir es in dem bekannten Mai-Lied singen, und viele Menschen zieht es an diesem Tag zu Fuß oder mit dem Fahrrad hinaus in die neu erblühende Natur.

Die Gewerkschaften rufen zu Demonstrationen für bessere Arbeitsbedingungen auf. Die Kommunisten in China und Nordkorea missbrauchen diesen schönen Tag für gewaltige Militärparaden. Friedliche Demonstrationen, die eigentlich guten Zwecken dienen sollten, werden von Krawallmachern unterlaufen, und unsere katholische Kirche widmet diesen schönen Feiertag dem Heiligen Josef, dem Arbeiter, und das finde ich sehr gut und zutreffend.

An diesem Tag lässt uns die Kirche aufblicken zu einem Heiligen, der meist bescheiden im Hintergrund steht, obwohl er doch mit Jesus und Maria aufs engste verbunden ist. Es ist der Heilige

Josef, der Bräutigam der Jungfrau Maria, aber auch: Josef, der Arbeiter.

Von Josef hören wir in der Heiligen Schrift nur sehr wenig. Er selbst kommt überhaupt nicht zu Wort. Wir erleben Josef nicht als den „Sprechenden“, wohl aber als den „Hörenden“. Durch sein Hören auf Gottes Wort – selbst im Traum - stellt er eine enge Verbindung zu Gott dar, und er ist jederzeit bereit, selbst auf diese Traumbilder hin, im Sinne Gottes zu handeln.

Er hört auf Gott, als er Maria zu sich nimmt und spürt, dass sie schwanger ist.
Er hört auf Gott, als es heißt: „Mache dich auf nach Bethlehem!“
Er hört auf Gott, als es heißt: „Nimm das Kind und seine Mutter und flieh nach Ägypten!“
Er hört auf Gott, als es heißt: „Kehre heim in deine Vaterstadt Nazareth!“
Und er staunt über die Worte, die Jesus spricht, als man ihn nach drei Tagen im Tempel wiedergefunden hat.

Wir können auch gewiss davon ausgehen, dass Jesus nicht rein zufällig in diese Familie des Josef und der Maria hineingeboren wurde, er wollte in der Familie eines Arbeiters aufwachsen, eines einfachen Menschen; Gott selber wollte es so. Es lag in seinem

Plan, und dazu wählte er die Jungfrau Maria aus, die mit diesem Mann aus Nazareth verlobt war, nämlich Josef, einem einfachen Zimmermann.

Nicht in einem königlichen Herrscherhaus wollte er geboren werden, sondern in den bescheidenen Verhältnissen einer einfachen Arbeiterfamilie. Der allmächtige Gott wählte die Einfachheit und Bescheidenheit der Familie von Nazareth aus, um in Jesus Christus Mensch zu werden aus Maria, der Jungfrau. Dabei übernimmt Josef die Stelle des irdischen Vaters, auch wenn er nicht der leibliche Vater ist. Vor dem jüdischen Gesetz gilt er als der Vater Jesu, der für alles zu sorgen hat, was einem Vater zukommt.

Als Jesus älter wurde, so können wir annehmen, hat auch er den Beruf des Zimmermanns erlernt. Der Zimmermannsberuf galt damals als ein vielseitiger Beruf; Zimmerleute galten als eine Art Baumeister.

All dies hat Jesus von Josef gelernt, und er hat auch diesen Beruf – wie man annehmen kann - für einige Jahre ausgeübt. Es lag in Gottes Plan, dass er dreißig Jahre im Verborgenen seiner Familie lebte, bevor er in den drei letzten Lebensjahren öffentlich auftrat.

So hat Jesus durch sein Beispiel die menschliche Arbeit gewürdigt.

Und Josef, der wahrscheinlich älter war als Maria – davon können wir ausgehen - erhielt die besondere Gnade, in den Armen von Jesus und Maria zu sterben. Auch in unserer Kirche wird das am Josefs-Altar sehr eindrucksvoll dargestellt. Seit je her gilt er als der Patron der Sterbenden und Schwerkranken. Nicht umsonst brennen gerade vor dem Josefs-Altar fast ununterbrochen viele Kerzen, weil zahlreiche Trauernde bei ihm Trost und Heilung suchen.

Liebe Schwestern und Brüder, kommen wir zurück zu Josef, dem Arbeiter. Der heutige 1. Mai, der weltweit als der Tag der Arbeit gilt und den wir heute festlich begehen, zeigt uns: Es kommt für den Menschen nicht darauf an, welche Art von Arbeit er ausübt. Vor Gott gibt es keine einfachen und unbedeutenden Arbeiten, jede Arbeit wird vor Gott als Berufung verstanden und will auch so gelebt werden. „Tut alles zur Verherrlichung Gottes!“ So sagt es der Hl. Paulus im ersten Korintherbrief. Es kommt also auf die Würde der Arbeit an, mit der wir unsere Pflichten erfüllen und unser tägliches Brot verdienen, nicht auf den äußeren Schein kommt es an. Nicht auf die Höhe des Einkommens oder den jeweiligen Dienstgrad kommt es an, sondern allein auf seine

Würde. Ein jeder kann durch die geringste Arbeit Großes vor Gott bewirken.

Liebe Schwestern und Brüder, rufen wir doch den Heiligen Josef um seine Fürbitte an, er hat Jesus und Maria geliebt und in Liebe gedient.
Er steht, zusammen mit Maria, vor Gott und kann uns dort Gnade erbitten. Seine Fürsprache helfe uns, den Werktag zu würdigen und den Sonntag zu heiligen, damit unsere Arbeit vor Gott als würdevoller Dienst verstanden wird.

Im Reiche Gottes werden wir durch Gottes Gnade die Vollendung und den himmlischen Lohn erhalten für all unsere Mühen und Arbeiten. Bitte für uns, o heiliger Josef.

Amen.

Fürbitten am 1. Mai zu Ehren des Hl. Josef, des Arbeiters:

Zu Gott unserem Vater lasst uns beten:

- Vater im Himmel, Du hast dem Heiligen Josef durch den Engel deine Wege kundgetan; nimm dich der Suchenden und Ratlosen an.

- Der Heilige Josef hat durch seiner Hände Arbeit für Jesus und Maria das tägliche Brot verdient; schenke allen Schaffenden und Arbeitern die Frucht ihrer Arbeit und eine gerechte Entlohnung.

- Der Heilige Josef hat in Demut deinem Sohn und deiner Mutter gedient; sei allen nahe, die in Stille und Bescheidenheit ihren Dienst versehen.

- Auf die Fürsprache des Heiligen Josef erbarme dich der Sterbenden; schenke ihnen eine gute Sterbestunde.

- Nimm unsere Verstorbenen auf in die Gemeinschaft deiner Heiligen; lass sie mit Jesus, Maria und Josef bei Dir selig sein.

Guter Gott, wir danken dir, dass Du uns im Heiligen Josef einen so großen Fürsprecher erwählt hast, nimm unsere Bitten gnädig an.

Amen.

-

Otger Eismann, Diakon
26169 Friesoythe

Predigt 4. Sonntag im Jahreskreis A (Mt. 5, 1-12a). Gehalten 2017 in St.-Marien, Friesoythe

Acht Seligkeiten verändern unser Leben

Liebe Schwestern und Brüder im Glauben, es war kurz vor Weihnachten, da begleiteten wir mit einer Seniorengruppe bei bitterster Kälte spät am Abend den Friesoyther Nachtwächter bei seinem Gang durch die Stadt.

Sie glauben, es gibt keinen Friesoyther Nachtwächter mehr? Doch, ihn gibt es noch in der Gestalt unseres Stadtjugendpflegers. Allerdings macht er es freiwillig, wenn ihn Gruppen darum bitten. Er lässt damit ein Stück Stadtgeschichte unserer altehrwürdigen Stadt wieder lebendig werden.

Also zogen wir mit ihm durch die Stadt. An einigen Stellen blieb er stehen, blies in sein Horn und verkündete den Friesoyther Bürgern die jeweilige Nachtstunde mit kurzen Liedrufen, die alle einen bestimmten Bezug zu verschiedenen Bibelstellen hatten. Bei der 8. Stunde verglich er diese Stunde mit den acht Seligkeiten.

Acht Seligkeiten? Was hat es damit auf sich? Wir haben es soeben im Evangelium gehört. Jesus preist darin solche Menschen selig, die arm sind vor Gott und traurig, die keine Gewalt anwenden und barmherzig sind, die friedfertig sind, und solche, die sogar wegen ihres Glaubens beschimpft werden.

Als wir Anfang dieses Jahrhunderts anlässlich unserer Gemeindewallfahrt in Israel weilten, da haben wir auch den „Berg der Seligpreisungen" besucht. Dort auf diesem Berg hat man einen herrlichen Blick in eine farbenfrohe, fruchtbare und blühende israelische Landschaft. Ich kann mir leicht vorstellen, dass Jesus beim Anblick dieser herrlichen Landschaft sehr fasziniert war und ins Schwärmen geriet. Nur so kann ich mir die ermunternden Formulierungen der Seligpreisungen erklären.

Mir geht es nämlich ähnlich so, wenn ich bei herrlichem Wetter bei meinen Bergwanderungen in der Schweiz einen Gipfel erklommen habe, und die herrliche Landschaft zu Füßen liegen sehe, dann erlebe ich ein ähnliches Hochgefühl.

Betrachten wir aber diese acht Seligpreisungen ein wenig näher, dann stellen wir fest, dass sie in einem krassen Gegensatz zu den Gesetzmäßigkeiten heutigen Denkens und Handelns stehen. Und wenn wir uns ein wenig umschauen, dann geht es in unserer heutigen Welt um ganz andere Dinge als um Seligpreisungen.

Da geht es heute um den schnellen Erwerb von Reichtum, teilweise auf rücksichtslose Art und Weise. Da geht es um wirtschaftlichen Erfolg, unter Umständen mit fragwürdigen Methoden. Da geht es um Spaß haben wollen bei allem, was uns begegnet, teilweise auf Kosten anderer, und wenn es keinen Spaß mehr macht, dann greift man zur Droge oder zum Alkohol. Da geht es um kriminelle Machenschaften, um Gewalt, Raub und Mord, und man schreckt auch nicht mehr vor Kindesmissbrauch und Kindestötung zurück.

Da kommt Jesus mit einem solchen Programm daher und preist alle diejenigen selig, die ein solches Leben einfach nicht mitmachen. Das sind diejenigen, die durch alle Raster unserer Wohlfahrtsgesellschaft gefallen sind, die Armen, die Friedfertigen, die Barmherzigen, die Geduldigen, die Gestrauchelten, oder solche, die es wagen eine eigene Meinung zu haben und diese auch noch - entgegen dem augenblicklichen Zeitgeist – nach außen hin zu vertreten. Sind solche Gedanken der Bergpredigt heute nicht völlig überholt? Kann man mit einem solchen Programm heute noch Menschen begeistern?

Liebe Schwestern und Brüder, bevor ich versuche, Ihnen diese Fragen zu beantworten, möchte ich Ihnen eine „kleine“ Fabel sagen, wie sie uns der Schriftsteller Franz Kafka aufgeschrieben hat:

Eine Maus glaubt an die große Freiheit in einem geräumigen Haus. Die Wände in dem Zimmer, in dem sie sich zu Hause fühlt, erscheinen ihr wie lange Straßen, die endlos erscheinen und keine Gefahr bedeuten. Doch dann stellt sie erschrocken fest, dass die Wände in diesem Zimmer am Ende zusammenlaufen,
nur ein kleines Schlupfloch bleibt ihr übrig, und ausgerechnet an dieser Stelle steht eine Mausefalle. „Du musst nur die Laufrichtung ändern“, sagt die Katze, die am anderen Ende des Zimmers lauert.

Die Maus versuchte nun, aus ihrem angeblichen Paradies zu fliehen, aber es blieb ihr kein anderer Ausweg, sie wurde schließlich von der Katze gefressen!“
Soweit die Fabel.

Liebe Schwestern und Brüder, was will uns Kafka mit dieser „kleinen“ Fabel sagen? Geht es vielen Menschen heute nicht ebenso wie dieser Maus? Es gibt keinen Ausweg für sie. Ihre Welt, von der sie glauben, sie sei sicher und gefahrlos, diese Welt wird immer enger, trotz der geräumigen Freiheiten, von der sie träumen.

Schauen wir uns doch einmal um, auch für uns wird die Welt immer enger:
Autofahrer sitzen fast täglich im Stau fest. Sonnenhungrige Urlauber liegen dicht gedrängt an den Stränden von Teneriffa und Mallorca. Reisende in den Fernzügen sitzen zusammengepfercht in ihren Abteilen oder müssen mit Stehplätzen in den Gängen vorlieb nehmen. Auf den Flughäfen und Bahnhöfen stauen sich die Menschenmengen, die aufgrund von Witterungsverhältnissen oder Streiks vergeblich auf ihre Flüge oder Züge warten. Besitzer großer feudaler Wohnungen verleben den Rest ihres Lebens in einem kleinen Zimmerchen im Seniorenheim.

Liebe Schwestern und Brüder, Sie sehen, die Welt wird auch für uns immer enger und bedrohlicher. Viel schlimmer aber erleben **solche** Menschen die Enge in ihrem Leben, die – wie die Maus in unserer Fabel – keinen Ausweg mehr sehen: Vor sich haben sie die Einsamkeit, hinter sich die Droge. Vor sich haben sie die Sinnlosigkeit ihres bisherigen Lebens, hinter sich den Alkohol. Vor sich haben sie eine hohe Verschuldung, hinter sich keinen Glauben. Wohin sollen solche Menschen noch fliehen? Um es mit dem Schicksal der Maus zu sagen: „Was ist schlimmer? In die Falle zu geraten, oder von der Katze gefressen zu werden?“

Ob wir es wahrhaben wollen oder nicht, wenn wir uns in unserer näheren Umgebung einmal umschauen, dann stellen wir fest: Unter solchen bedrückenden Ausweglosigkeiten leiden heute tatsächlich viele Menschen.
Vor sich die Falle, hinter sich die Katze; ein Katz- und Mausspiel. Und aus diesem Teufelskreis kommen sie einfach nicht wieder heraus. Wer bietet ihnen da noch einen Fluchtweg an?

Sicher, es gibt Sucht- und Drogenberatungsstellen, es gibt Eheberatungsstellen, psychologische Beratungsstellen, das ist gut so, und solche Einrichtungen sind heute dringender denn je. Aber ist es dann nicht oft schon zu spät? Und was nützt es, wenn diese Gestrauchelten wieder rückfällig werden? Oder anders gesagt: In ihren alten Teufelskreis wieder hineingeraten?

Hier sind besonders die kirchlichen Beratungsstellen gefragt, welche die christliche Gesellschaftslehre zur Grundlage ihrer Beratungen haben, bei denen auch die Gedanken der Bergpredigt einfließen.

Jesus wendet sich mit der Bergpredigt an solche Menschen, die – wie bei der Maus in unserer Fabel – in der Falle sitzen. Es sind die Armen oder solche, die um einen lieben Menschen trauern. Es sind die Lebensmüden, die ihr Leben für sinnlos halten. Es sind die Ohnmächtigen, denen die Schulden über den Kopf gewachsen sind. Es sind die Bauern, denen der Ruin droht aufgrund von Futtermittelskandalen. Es sind die Werktätigen, die um ihren Arbeitsplatz bangen. Es sind die Verfolgten, die aus ihrer Heimat fliehen müssen. Es sind die jungen Menschen, die keinen Ausweg aus ihrem Sucht- und Drogenkonsum finden. Oder es sind solche Menschen, die Frieden stiften möchten, aber von der Öffentlichkeit nicht ernst genommen werden.

Um aus diesem Teufelskreis – aus dem es kein Entrinnen mehr zu geben scheint – herauszukommen, öffnet Jesus ihnen eine besondere Chance: Sie sollen ihre ganze Hoffnung allein auf Gott setzen, dazu laden die acht Seligpreisungen ein.

Jesus will uns damit klarmachen – um wieder auf das Beispiel der Maus zurückzukommen – dass ein gläubiger Christ das Schicksal dieser Maus nie teilen muss. Die Maus dagegen steht unter dem grausamen Gesetz der Welt, nämlich des Fressens und des Gefressenwerdens.

Und die Menschen? Besonders solche, die keinen Glauben haben, oder die Gott nicht kennen oder nicht kennen wollen? Menschen, denen es egal ist, ob Gott existiert oder nicht? Es geht ihnen augenblicklich zwar gut, aber es fragt sich, wie lange? Solche Menschen stehen unter dem Gesetz der Welt. Für sie gibt es – wie bei der Maus – keine Hoffnung, wenn sie in ein Dilemma hineingeraten sind, aus dem sie keinen Ausweg finden.

Für Christen aber, die Gott als ihre oberste Instanz anerkennen, bestehen immer Auswege aus der Todeszone, wenn sie **die** Wege einschlagen, die Jesus ihnen aufzeigt. **Sie** können aus dem Kerker der Hoffnungslosigkeit entrinnen und zur Freiheit gelangen, wenn sie auf Christus allein ihre Hoffnung setzen, auf einen Glauben, der ihnen in schwierigen Lagen Trost verspricht.

Ja, für sie bedeutet selbst der Tod nicht das Ende, sondern Durchgang zu einem neuen, ewigen Leben. Schade um solche Menschen, die ihren Glauben verloren haben, die angesichts ihres bevorstehenden Todes keine Hoffnung mehr sehen.

Liebe Schwestern und Brüder, ich habe am Anfang die Frage gestellt: Sind die Gedanken der Bergpredigt heute nicht völlig überholt? Ich denke, genau das Gegensteil ist der Fall. Dieses Programm Jesu ist wie eine Regierungserklärung, die uns eine neue Richtung aufweist. Wer sich auf dieses Programm einlässt, den bezeichnet Jesus als einen glückseligen Menschen, und obendrein wird ihm noch die ewige Seligkeit versprochen.

Amen.

Fürbitten 4. Sonntag Lesejahr A

Herr unser Gott, du bist der Gott an unserer Seite, ein menschgewordener, erfahrbarer Gott, ein Heiland und Helfer. Dich bitten wir:

- Wir bitten dich für alle diejenigen, die ein bischöfliches, priesterliches und diakonales Amt ausüben, dass sie sich nicht in einen Elfenbeinturm zurückziehen, sondern der Frau und dem Mann auf der Straße zuhören und die angemessenen Antworten finden.

- Wir bitten für eine Menschheit, die sich gegen Hass und Hunger in der Welt einsetzt und sich der Gerechtigkeit verbunden fühlt, dass sich überall Kraft, Wille und Mut ausbreiten, damit die Menschen aus der Macht dämonischer Kräfte befreit werden, die die Erde mit Fanatismus, Rassismus und Nationalismus in den Abgrund zu stürzen versuchen.

- Wir bitten für alle, die aus allen möglichen Vorstellungen ihre eigene Heilslehre schaffen, jedoch den gekreuzigten Jesus ablehnen, dass sie ihn erkennen als göttliche Kraft und göttliche Weisheit.

- Wir beten für uns selbst, dass wir uns auf das Wort Gottes verlassen und in scheinbar aussichtslosen Situationen geduldig standhalten und darauf vertrauen, dass es für Christen immer einen Ausweg gibt.

Weitere Fürbitten nächste Seite

(Fürbitten 4. Sonntag A)

Jesus hat alle selig gepriesen, die sich auf Gottes gute Botschaft einlassen. Beten wir darum, dass die Menschen dies heute auch noch können:

- „Selig, die um der Gerechtigkeit willen verfolgt werden, denn ihnen gehört das Himmelreich!" Beten wir um eine unzerstörbare Hoffnung für die verfolgte Kirche in Ägypten, Iran, Irak, Pakistan und Afghanistan.

  „Selig, die hungern und dürsten nach Gerechtigkeit, denn sie werden satt werden!" Beten wir um mutige Politiker, die sich nicht nur der Parteidisziplin unterziehen, sondern mutig ihrem Gewissen folgen.

- „Selig sind die Trauernden, denn sie werden getröstet werden!" Beten wir für uns und um die Gabe, die Leiden unserer Nächsten zu lindern.

- „Selig sind die Barmherzigen, denn sie werden Erbarmen finden!" Beten wir um Kraft für unsere St.-Marien-Gemeinde, damit sie den Ärmsten unter uns dienen kann.

- **Priester:** „Selig, die ein reines Herz haben, denn sie werden Gott schauen!" Beten wir für unsere Verstorbenen, dass ihnen Vergebung geschenkt wird. Namentlich . . .

Herr und Gott, dein Wort gibt uns das Versprechen, dass unsere Bitten nicht ins Leere gehen, sondern bei Dir offene Ohren und ein offenes Herz finden. Dafür danken wir dir, durch Christus, unseren Herrn. Amen.

(Meditation nach der Kommunion)

„Selig, die keine Gewalt anwenden!“

Der russische Schriftsteller Marschak beobachtete einmal sechs- bis siebenjährige Kinder beim Spiel. „Was spielt ihr da?“ fragte er sie. „Wir spielen Krieg,“ antworteten ihm die Kinder.

Daraufhin erklärte ihnen der Schriftsteller: „Wie kann man nur Krieg spielen! Ihr wisst doch sicher, wie schlimm Krieg ist. Ihr solltet lieber Frieden spielen!“
„Das ist eine gute Idee,“ sagten die Kinder.

Dann Schweigen, dann tuschelten die Kinder untereinander, wieder Schweigen. Schließlich trat ein Kind vor und fragte: „Großväterchen, wie spielt man Frieden?“

Otger Eismann, Diakon
Tecklenburgerstraße 31
26169 Friesoythe

Predigt
am 2. Sonntag im Jahreskreis, Lesejahr C, - Familiensonntag.
–
gehalten am 15.02.2012 in Friesoythe-Thüle.
Textgrundlage: Joh. 2, 1 – 11.

Thema: Familie und Glaube

Liebe Schwestern und Brüder im Glauben, wenn Sie in jüngster Zeit in unseren Medien die Diskussionen über familienpolitische Themen verfolgt haben, dann wird Ihnen aufgefallen sein, dass es dabei augenblicklich um zwei Dinge geht:

Erstens: Die Errichtung von sogenannten „Kitas", übersetzt heißt das: „Kindertagesstätten" oder „Kinderkrippen." Man möchte damit vielen jungen Eltern mit diesen Einrichtungen Anreize bieten, ihre kleinen Kinder schon frühzeitig in diese Kitas zu geben, um nach ihrer Niederkunft möglichst bald wieder ins Berufsleben einsteigen zu können.

Zweitens geht es um die Frage, ob solchen Müttern, die diesen Trend nicht mitmachen, die ihre Kinder lieber in den ersten Lebensjahren selbst in häuslich-familiärer Atmosphäre erziehen möchten, ob solchen Müttern ein Betreuungsgeld zusteht, denn diese Mütter haben ja – da sie einige Jahre nicht berufstätig sein können – mit erheblichen Einkommenseinbußen zu rechnen.

Politiker aller Parteien und Wirtschaftsfachleute bezeichnen eine solche Ausgleichszahlung spöttisch als „Herdprämie“. Andere gehen mit ihrer Meinung sogar soweit und behaupten, dass die Kindererziehung in den Kitas besser sei als die herkömmliche häusliche Erziehung. Das alles zielt darauf hin, dass Wirtschaftsinteressen rücksichtslos auf Kosten der Kinder und Familien ausgetragen werden.

Damit Sie mich nicht falsch verstehen, ich möchte keinesfalls die Qualität der Kinderbetreuung in den Kitas herabmindern, entsprechend ausgebildete Erzieherinnen und Erzieher leisten dort hervorragende Arbeit. Besonders alleinerziehende Mütter oder Väter sind auf diese Einrichtungen angewiesen. Jedoch die persönliche Betreuung der Kleinkinder – besonders in den ersten Lebensjahren – durch die Eltern, besonders durch die Mütter, kann nicht durch noch so gute Arbeit in den Kitas ersetzt werden.

Traditionell christlich geprägte Familien, die noch Wert legen auf eine Familienkultur, in der Liebe, Tradition und der Glaube eine wichtige Rolle spielen, werden mit der Verweigerung des Erziehungsgeldes übergangen. Hier werden wirtschaftspolitische und mediengesteuerte Interessen propagiert, welche die herkömmliche traditionelle Lebensform der Familie aushöhlen möchten, und da heißt es wachsam sein!

Ich möchte Ihnen hier keinen familienpolitischen Vortrag halten, das überlasse ich lieber den politischen Parteien, aber warum erzähle ich Ihnen das? Weil mir die Probleme, mit denen unsere Familien heute zu kämpfen haben, am Herzen liegen.

Liebe Schwestern und Brüder, wir begehen heute den Familiensonntag. Wie es heute um unsere Familien bestellt ist, brauche ich Ihnen nicht weiter zu erklären, Sie erfahren darüber genügend über unsere Medien. Dieses Thema ist so vielseitig, man könnte darüber stundenlang referieren oder diskutieren, deshalb möchte ich mich auf das Wesentliche beschränken.

Die Sache mit den „Kitas“ und dem Erziehungsgeld ist nur ein Beispiel von vielen, wie schwer es solche Menschen haben, die heute in einer traditionellen Familie nach christlichen Grundsätzen leben möchten. Zugegeben, eine Familie hat es heute bedeutend schwerer als noch in den vergangenen Jahrzehnten. Vom allgemeinen gesellschaftlichen Strukturwandel sind auch unsere Familien nicht verschont geblieben. Die Familien werden kleiner, und die Existenznöte größer, ganz zu schweigen von den

Schwierigkeiten, denen heute alleinerziehende Eltern ausgesetzt sind. Immer mehr sogenannte Singles wollen das Wagnis einer Familie und Ehe erst gar nicht mehr eingehen. Eltern werden durch neue gesellschaftspolitische Veränderungen in ihrer Erziehungsrolle verunsichert, weil sie Angst haben, von ihren Kindern als autoritär abgestempelt zu werden. Viele Kinder spüren zu wenig Geborgenheit und Liebe, ihnen fehlen aufrichtige Vorbilder.

Stattdessen erleben sie in der Scheinwelt der Medien – besonders im Internet - eine Welt voller Gewalt und Brutalität. Das Ergebnis: Zunehmende Gewaltbereitschaft der Kinder und Jugendlichen in der Schule, auf der Straße und in den öffentlichen Verkehrsmitteln. Je mehr der Glaube an Gott in der Gesellschaft schwindet, umso mehr nehmen solche Erscheinungsformen zu.

Eines aber steht fest: Wer keine göttliche Autorität mehr über sich anerkennt, für den gibt es grenzenlose egoistische und skrupellose Freiheiten, und dieser Trend wird sich noch weiter fortsetzen.

Und doch möchte ich Ihnen – vor allem den jungen Menschen – Mut machen, nicht einfach in diesem Strom negativer gesellschaftlicher Veränderungen gedankenlos mitzuschwimmen, sondern vielmehr die Familie als einen Ort christlicher Wertvorstellungen und persönlicher Geborgenheit neu zu entdecken.

Diese negativen gesellschaftlichen Erscheinungsformen können nur überwunden werden, wenn wir uns – ganz nach dem christlichen Liebesgebot – in unsere Familien einbringen. Die traditionelle Familie ist „der“ Ort, in dem man sich gegenseitig respektiert, wo ein jeder seine Heimat hat, ein Ort, wo man ganz einfach hingehört, wo man sich „zu Hause“ fühlt.

Wie das gelingen soll? Am Anfang einer jeden Familie steht die Liebe, denn sonst wäre sie ja erst gar nicht zustande gekommen. Aber da gibt es auch die menschlichen Schwächen, von denen sich niemand freisprechen kann, auch in den Familien nicht; kein Mensch ist frei von Fehlern. Dagegen wird in einer christlichen Familie Versöhnung „gelebt“, und die Kinder profitieren davon. Konflikte werden sachlich und mutig ausgetragen, um Möglichkeiten für einen Neustart zu schaffen.

Die Kinder erhalten in einer christlich geprägten Familie einen Ort, wo Liebe und Geborgenheit Zielsetzungen bedeuten. Sie erkennen in ihren Eltern vertrauenswürdige und nachahmenswerte Vorbilder. Das heißt nicht, dass ihnen alle Wünsche bedingungslos erfüllt werden, sondern sie lernen Verzicht und Opfer zu bringen, auch einmal „Nein“ sagen zu können, wenn und wo es notwendig erscheint. Kinder brauchen Eltern, die nicht

„autoritär“ sind, sondern die Autorität besitzen, Eltern, die ihnen praktische Lebensperspektiven vermitteln.

Liebe Schwestern und Brüder, der Sonntag ist eine wichtige Insel im Wochenrhythmus einer Familie. Unterschiedliche Arbeits- und Schulzeiten verhindern während der Woche oft ein gemeinsames Familienleben. Am Sonntag aber kommt die Familie zusammen. Daher sollte der Sonntag in einer Familie in besonderer Weise erlebt und gefeiert werden. Dazu gehört möglichst auch der gemeinsame Kirchgang und das Familiengebet. Nicht von „Sonntagspflicht“ sollte man reden, sondern von “Sonntagsfreude“, mit Gott den Sonntag bereits am Vorabend zu beginnen, und diese Sonntagsfreude ausstrahlen lassen auf das gesamte sonntägliche Familiengeschehen bis hinein in die folgende Arbeitswoche. Schon gar nicht sollte man den Sonntag zu einem stressigen Vergnügungs- oder Einkaufstag verkommen lassen, sondern zu einem frohen Erlebnistag für die ganze Familie.

Kinder und Jugendliche brauchen den notwendigen erzieherischen und religiösen Rückhalt auf ihrem schwierigen Weg ins Erwachsenendasein, wo sie so manchen Anfechtungen und Verführungen ausgesetzt sind.

Liebe Schwestern und Brüder, das alles prägt eine Familie und schmiedet sie zu einer Liebes- und Schicksalsgemeinschaft zusammen, wo jeder für den anderen einsteht,
Eltern für ihre Kinder – und Kinder für ihre Eltern. Es gibt keinen besseren Ort, wo der Mensch so fundamental verstanden wird, wie in einer funktionierenden Ehe und Familie mit christlicher Prägung. In einer vom Leistungsdruck und Stress geprägten Umwelt braucht der Mensch einen Ort menschlicher Wärme und göttlicher Nähe - und das ist die Familie, dort findet ein jeder seinen Platz, wo er sich geborgen fühlt, wo er ganz einfach „hin"-gehört.

Auch Jesus ist in einer Familie aufgewachsen, wir hörten davon im Evangelium des heutigen Sonntags. Mit seiner Mutter und seinen Jüngern hält er sich auf einer Hochzeit auf. Sicher hat auch er alle Höhen und Tiefen, die es in einer Familie zu überwinden gilt, erlebt und seine Erfahrungen daraus gewonnen. Aber er verstand es auch, fröhliche familiäre Feste zu feiern.

Liebe Schwestern und Brüder, was aber ist mit solchen Familien, die durch materielle Not, durch Arbeitslosigkeit oder Krankheit an den Rand ihrer Existenzmöglichkeit geraten sind? Sie bedürfen zunächst der besonderen Solidarität der Familienmitglieder untereinander. Um aber fundamentale familiäre Grundlagen zu schaffen, die solche Situationen erst gar nicht aufkommen lassen, bedarf es besserer Rahmenbedingungen für unsere Familien. Hier sind die führenden Kräfte in Politik, Wirtschaft, Kirche und Gesellschaft gefordert. Die Stellung der Familie in der Gesellschaft müsste – gegenüber anderen Interessen - eine viel stärkere Aufwertung erfahren.

Dort aber, wo Gottes Geist in unseren Familien das Leben bestimmt, da finden auch die Kinder den ihnen zustehenden Platz, der ihnen Heimat und Geborgenheit schenkt, da ist das Leben lebbar, „weil" es solche Familien gibt. Kinder, die in solchen Familien aufwachsen, wo noch christliche Tugenden und Werte die Grundlagen der Erziehung bestimmen, solche Kinder gehen gesund und moralisch gestärkt durchs Leben, und den anfangs geschilderten negativen gesellschaftlichen Einflüssen werden sie umso konsequenter entgegentreten können.

Die traditionelle christliche Familie ist ein Modell, das sich – trotz aller Schwächen – über Jahrtausende bewährt hat, zum Modell Familie gibt es keine Alternativen. Die Heilige Familie mit Jesus, Maria und Josef sollte uns ein Vorbild sein.

Liebe Schwestern und Brüder, nehmen Sie dieses große Geschenk der Familie dankbar an, dazu wollte ich Ihnen heute – am Familiensonntag - ganz einfach Mut machen. Amen.

2. Sonntag im Jahreskreis, Lesejahr C, Familiensonntag.

Einführung

Heute ist Familiensonntag, und so steht das Thema Familie heute im Zentrum unserer heutigen Eucharistiefeier.

Im Familienleben gibt es mannigfaltige Probleme. Oft ist der Alltag von Hektik geprägt. Oft haben wir das Gefühl, keine Zeit zu haben. Den Heranwachsenden kann die Zeit nicht schnell genug vergehen, während den Älteren die Zeit zu schnell vergeht, sie möchten manchmal die Uhr anhalten.

Aber das Familienleben ist auch der Ort, an dem Eltern und Kinder Zeit füreinander haben, wo Geburtstage, Namenstage, Hochzeitstage und auch andere Gedenktage werden gefeiert. Und an den Todestagen bewahrt man das Gedächtnis der verstorbenen Familienangehörigen. Alles in allem, die Familie ist ein Hort der Liebe und Geborgenheit.

Der Sonntag aber ist der besondere Tag in der Familie. Hier kommt die Familie zusammen, hier erlebt sie Gemeinschaft zu Hause, aber auch in besonderer Weise die Gemeinschaft mit anderen Familien in der Kirchengemeinde bei der gemeinsamen Eucharistiefeier als einen Hinweis auf das himmlische Gastmahl, das Gott mit uns feiern will am Ende unserer Tage. So wollen wir Gott danken für die Gnade, in einer Familie leben zu dürfen.

In der Familie gibt es – wie überall anders auch - auch Konflikte, die ausgetragen werden müssen, Konflikte, die durch gegenseitiges Verstehen und Verzeihen ausgeglichen werden können. Damit uns das gelingt, darum wollen wir nun Gott um sein Erbarmen bitten. (Vergebungsbitte).

Fürbitten am Familiensonntag.

Allmächtiger Gott, Schöpfer allen Lebens, Vater deiner Kinder und Begleiter aller Menschen. Heute, am Familiensonntag bitten wir besonders für die Menschen, die in Familien leben, aber auch für solche, die eine Familie entbehren müssen:

- Stärke die Familien durch deinen Geist, damit sie in Glaube, Hoffnung und Liebe wachsen. Stärke die Liebe der Eltern zueinander, damit sie Vorbilder für ihre Kinder werden.

- Wir bitten dich für alle, die kinderlos geblieben sind, lass sie erfahren, dass es viele andere Wege gibt, dem Leben zu dienen.

- Wir bitten dich für die Kinder: Bewahre sie vor allem Bösen, lass sie Liebe, Freude und Geborgenheit erfahren, damit sie in Zuversicht aufwachsen. Sende ihnen erfahrene und engagierte Menschen, die sie lehren, was sie wirklich zum Leben brauchen.

- Wir bitten dich für die Jugendlichen: Hilf ihnen mit all ihrem kritischen Denken ihren Weg in der Welt zu finden und dich als ihr Ziel erkennen.

- Wir bitten für alle Alleinerziehenden: Lass sie Menschen begegnen, die ihnen ein wenig Heimat schenken und sie bei ihren Erziehungsaufgaben unterstützen. Wir bitten für die Mutlosen und Verzweifelten: Schicke ihnen verantwortungsvolle Helfer und zeige ihnen Auswege aus ihrer Not.

- Wir bitten für die verantwortlichen in Politik und Gesellschaft, dass sie vernünftige Rahmenbedingungen für unsere Familien schaffen, und lass sie den Wert den Sonntags erkennen, damit er uns als Tag der Unterbrechung von Arbeit und Konsum erhalten bleibt.

Gott, du sorgst für uns wie eine starke Mutter und ein guter Vater, dafür danken wir dir und preisen dich heute und alle Tage unseres Lebens. Amen.

Literatur

- "Unsere Hoffnung, Gottes Wort", Hrsg. Konrad Baumgartner und Otto Knoch, Band A,B,C, Verl.. Josef Knecht, 1989, Frankfurt.

- Jakobi, Paul, "Damit die Botschaft unser Herz erreicht", Mathias-Grünewald Verlag, 1995, Mainz

- Kestler, Joachim, "Der Umgang mit Jesus macht frei", Band A,B,C, Echter Verlag, Würzburg, 1992

- Keller, Norbert: "Lasst uns füreinander beten", Fürbitteb, Sonn- und Feiertage, Lesejahre A,B.C. Lahn Vrlag, Limburg

- Henel, Uli: "Fürbitten und Einführungen für alle Sonntage", Styria Verlag Köln

- Buttgereit, Alfons: "Ortsgespräche", Brendow Verlag, Moers

FSC
www.fsc.org
MIX
Papier | Fördert gute Waldnutzung
FSC® C083411

Zeitfracht Medien GmbH
Ferdinand-Jühlke-Straße 7
99095 Erfurt, Deutschland
produktsicherheit@kolibri360.de

Druck:
CPI Druckdienstleistungen GmbH
im Auftrag der
Zeitfracht Medien GmbH
Ein Unternehmen der Zeitfracht - Gruppe
Ferdinand-Jühlke-Str. 7
99095 Erfurt